När orden tystnar

-

blir trädgården

mitt liv

Dikter

Elin Marianne Nilsson

ISBN: 9789174637854

Illustrationer: Christina Åkerlind
Omslag: Akvarell av Elin Marianne Nilsson

Innehåll

I

dagar går
livet har sin gång
intet kommer åter

väldiga lindar med vittfamnande kronor

övervakar likt resliga vaktposter

gårdens faluröda längor

vid kanten av friskgrön gräsmatta

gul lysimachia i välansade rabatter

lyser upp grönt fält

blå himmel skymtar mellan trädkronor

drar in ett djupt

andetag av frisk syremättad luft

ljum vindfläkt smeker min kind

tar tag i tunn vit voilegardin

i mitt öppna fönster

nya stenplattor vid entrén

kullerstenar vid rosenrabatten

fågelbad vid fornminne

tre röda pelargonior

blomlåda längs

husväggen

höstanemon mahonia

balsamin vid österväggen

Örtagårdsmästaren kommer på fredag

järnstaket längs Stora gatan

indelar

avgränsar

permanentar skrankor

på väg att upplösas

död fågel på vägen

klippta buxbomshäckar

vildvuxna trädgårdar

blommor i överflöd

blå himmel

strömt vatten

sol som skiner på alla

II

sorgen
aldrig längtad
aldrig saknad
städse där

15

i skapelsens gryning
vandrar solen
öster om Eden

liljor öppnar
sina gröna höljen
visar sin skönhet

krokusar
gäckar vintern
står där och lyser

människors önskningar
breder ut sig
i sol

mot slutet föll Vintergatan
kosmos krossades
mot asfalten

tomhet gapar ur de svarta skorna

storlek 47

den randiga pullovern ligger

oanvänd i byrålådan

den vänliga rösten i telefonen

har tystnat

den röda tv-fåtöljen står tom

sängen väntar tom om helgen

jag hör nyckeln i låset

hans andning bredvid mig

i sängen

men hans hand

      är inte där

du sitter

i bilen

bredvid mig

när jag kör

till kyrkogården

du är inte vid graven

när jag sätter dit blommorna

men jag känner att du tycker

om spirean

den starkt

doftande lavendeln

och de små blå violerna

längtar efter dej

du har varit borta länge nu

vi borde resa till havet

följ mig till stenen vid havet

ses vi vid stenen vid havet

vi ses vid grillplatsens stora sten
vandrar kilometervis längs sandstranden
trampar på krasande snäckor

väldiga vågor rullar in
vita gäss gungar på vågkammar
hav så långt ögat når
panorama – havet

ingen har varit här

sen i somras

ingen har tänt en brasa

bakat bröd i pentryt

slagit an en ton på pianot

allt är på plats

instängt kallt

vinden blåser upp

löv på altanen

de ligger skrumpna

hoprullade rasslande

enen har spjälkats

av stormen

björken fäller

torra kvistar

gråtung himmel

döljer solen

ändå sjunger fåglarna

bortom jaget

långt inne i dig själv

närmar du dig

det oändliga

requiem

de döda lever

ibland oss

som fåglar

över våra huvuden

som hjälpande

väsen

som tankar

smekande vinden

förväntan

en aning om

en annan värld

bortom horisonten

bortom tiden

i tidens förlängning

en ny dimension

rum – tiden

lever du

als ob

som om

den funnes

vit duva

i mitt fönster

när jag vaknar

orörd dag

mellan mina händer

III

trädgårdens läkekonst
är vilsam
läker sorg i var sin tid

gråtung himmel vilar över

nymorgnad stad

snötäcke tynger tak och träd

gatlykta sprider sitt sken

över nysatt plommonträd

skyddat mot hungriga harar

stillhet råder i tidig timma

pendylens spröda klang

genombryter tystnaden

morgonljus silar

in genom persienner

där de inte sluter tätt

gryning går långsamt över i dag

sitter ute på verandan

regnet strilar ned

smattrar stilla mot

det räfflade plasttaket

gatlyktan lyser över ljugarbänken

det regnvåta vitlaserade altangolvet

blänker

andas in frisk

ren luft

som äppelblom

faller snön vit

dagsmejan tär varje dag

på trädgårdens tunna snötäcke

det som börjar bli smutsigt

längtar att sköljas bort

av milt vårregn

fruktträden har redan ränt ut

med långa skott

fortfarande har professorns tak

snö på norrsidan

regnvåt morgon

himmel grå som silvergran

trädgårdsbord i plast

vattenskimmer på ytan

stapelbar ensam stol

ljusblå längtande

efter sällskap

jag tar bort tujariset

över rosorna

plockar bort kvistar

från vissnad gullkrage

och nepeta

scillan kryper fram

i gräset

krattar försiktigt

runt pioner och rabarber

nyper några droppar

och krokusar

sätter dem på

födelsedagsbricka

bereder plats för

solstolar

på inglasad altan

med skjutbara fönster

krokusgula hättor

gäckar vintern

tätt intill vildapeln

himlen speglar sina

blåsippeögon i rabattens

pärlhyacinter

i väntan på solkyssar

strör sälgen ut

kissar

arbeta slitsamt

i vårens sprittande tid

då häggen blommar

sitta på en bänk

lyssna till naturens ljud

tyst gå stigen fram

himlen mulnar re´n

– då är det fina över

regnet bryter loss

hortonomen planterar

tre kraftiga salviaplantor

i svarta krukor

snett framför vinbärsbusken

till höger

tacksam jättedaggkåpa

gränsande till

kategorin medicinalväxter

plats för persilja

dill gräslök

intill de gängliga

jordärtskockorna skyddande mot insyn

från det vita staketets springor

jag är trött i dag

orkar bara sitta

stilla se på blommorna i min trädgård:

ormögon lyser

blått under äppleträdet

fägnar mitt öga

farmorsrosen lutar sig
slingrande mot trädstammen

gullkragar skrattar
lammöron lystrar
men rosorna ler

rosa äppelblom
i mångfald talar
för riklig skörd

friska, söta äpplen:
ingrid marie lobo

från trädgårdssoffan

utsikt mot smultronjasmin

dofttävlande

mot kaprifol

hallonbuskar med stöttor

och mängder av dinglande kart

övervarar duellen

liksom smultron som

mognar åt barnbarn

och flädern på väg att slå ut

den herrgårdsgula villan har spaljéträd

utefter söderväggen

i september brukar det översållas av

ovala päron

i år syns bara ett päron högst upp

ensamt på avlövad gren

litet och förkrympt

med samma gröngulflammiga

färgton som

dessa päron brukar ha

njuter av det lilla päronet

vattnigt men sötaktigt i smaken

höstarbete i trädgården

grävde planterade

tittade upp och funderade

knyckte till kraftigt runt roten

på fresia och nina weibull

fem gula på långsidan

och två på kortsidan

röda emellan

hon skadade liljelöken

fick upp krokus och tulpan

som hon petade ned igen

liguster i tät häck

nästan vintergrön

bakom engelsk gammaldags

ros med röda doftande bollar

– rosen är död nu

vajande salvia sträcker sig
mot vidbrättad rudbeckia
fjärilar läppjar
på blommande ljung

lekfulla sommarskyar
dansar i havsblå rymd
moln möter moln
fjädrar på örnevingar

beskyddar min vandring
i människoleken